Lire et découvrir

Les abeilles

Melvin et Gilda Berger

Texte français d'Isabelle Montagnier

Éditions
SCHOLASTIC

Photographies : Couverture : Scott Camazine / Photo Researchers; p. 1 : Stephen Dalton / NHPA Photo Researchers; p. 3 : James H. Robinson / Photo Researchers; p. 4 : Mike Dakin / Bruce Coleman Inc.; p. 5 : E.R. Degginger / Bruce Coleman Inc.; p. 6 : Kim Taylor / Bruce Coleman Inc.; p. 7 : Stephen Dalton / NHPA / Photo Researchers; p. 8 : David T. Roberts / Photo Researchers; p. 9 : Kim Taylor / Bruce Coleman Inc.; p. 10 : Frithfoto / Bruce Coleman Inc.; p. 11-12 : Scott Camazine / Photo Researchers; p. 13 : Jeff Foott / Bruce Coleman Inc.; p. 14 : Holt Studios / Nigel Cattlin / Photo Researchers; p. 15 : Richard Hutchings / Photo Edit; p. 16 : Tony Freeman / Photo Edit

Catalogage avant publication de Bibliothèque et Archives Canada

Berger, Melvin
Les abeilles / Melvin et Gilda Berger ;
texte français d'Isabelle Montagnier.

(Lire et découvrir)
Traduction de: Bees.
Pour les 4-6 ans.
ISBN 978-1-4431-0998-7

1. Apoïdés — Ouvrages pour la jeunesse. I. Berger, Gilda
II. Montagnier, Isabelle III. Titre. IV. Collection: Berger, Melvin.
Lire et découvrir.

QL568.A6B4714 2011 j595.79'9 C2010-907981-7

Édition publiée par les Éditions Scholastic, 604, rue King Ouest, Toronto (Ontario) M5V 1E1

5 4 3 2 1 Imprimé au Canada 120 11 12 13 14 15

MIXTE
Papier
FSC FSC® C003958

Les abeilles bourdonnent.

Les abeilles volent de fleur en fleur.

Info-abeilles
Les abeilles trouvent leur nourriture dans les fleurs.

Elles cherchent de la nourriture.

Info-abeilles

Les abeilles mangent du pollen, une poudre jaune qui se trouve dans les fleurs.

Les abeilles butinent : elles récoltent du pollen...

et l’emportent.

Info-abeilles
Le nectar est un jus sucré caché dans les fleurs.

Les abeilles aspirent le nectar des fleurs.

Elles retournent à la ruche en
emportant le pollen et le nectar.

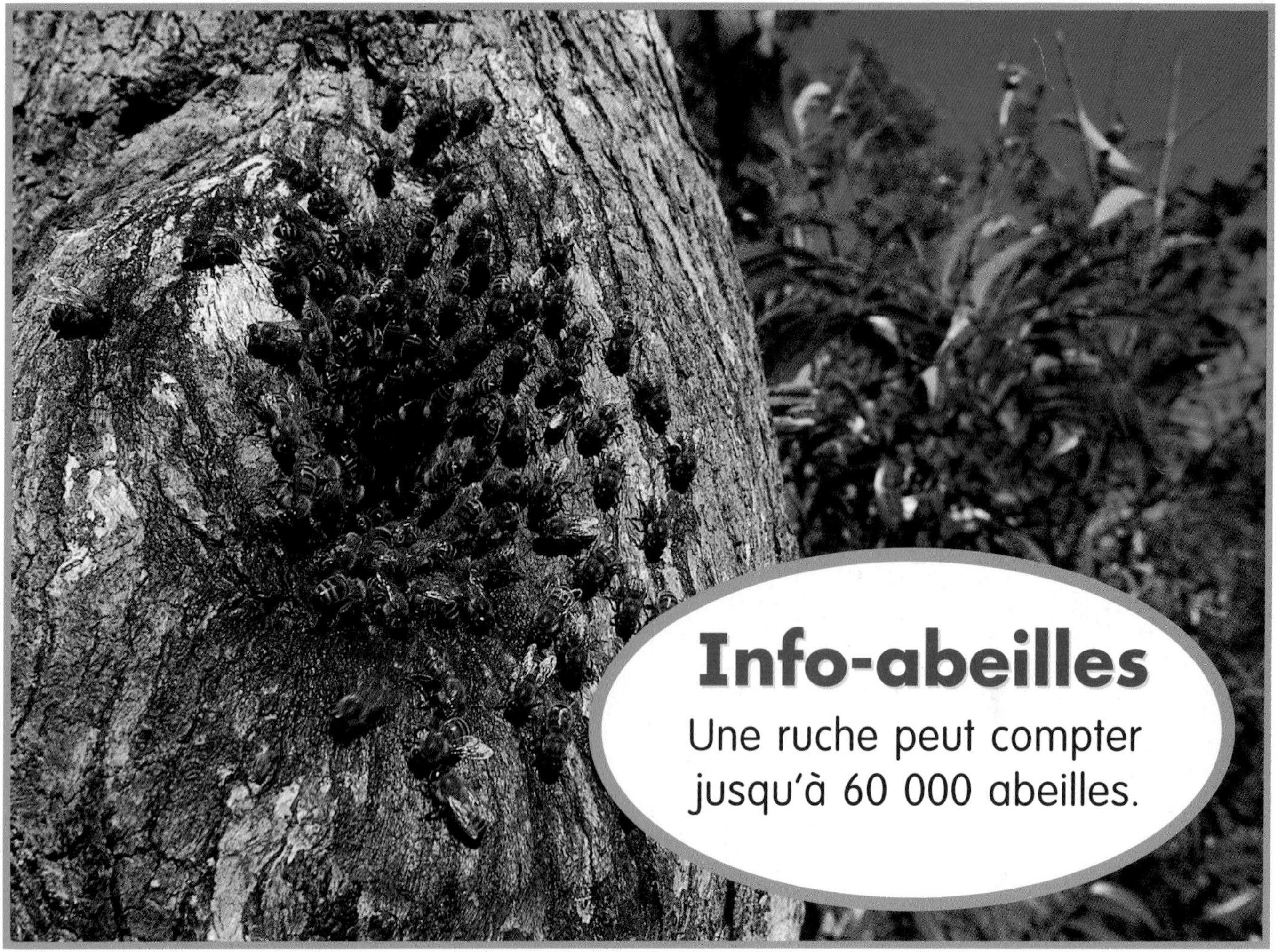
Info-abeilles
Une ruche peut compter jusqu'à 60 000 abeilles.

Les abeilles vivent dans un nid ou une ruche.

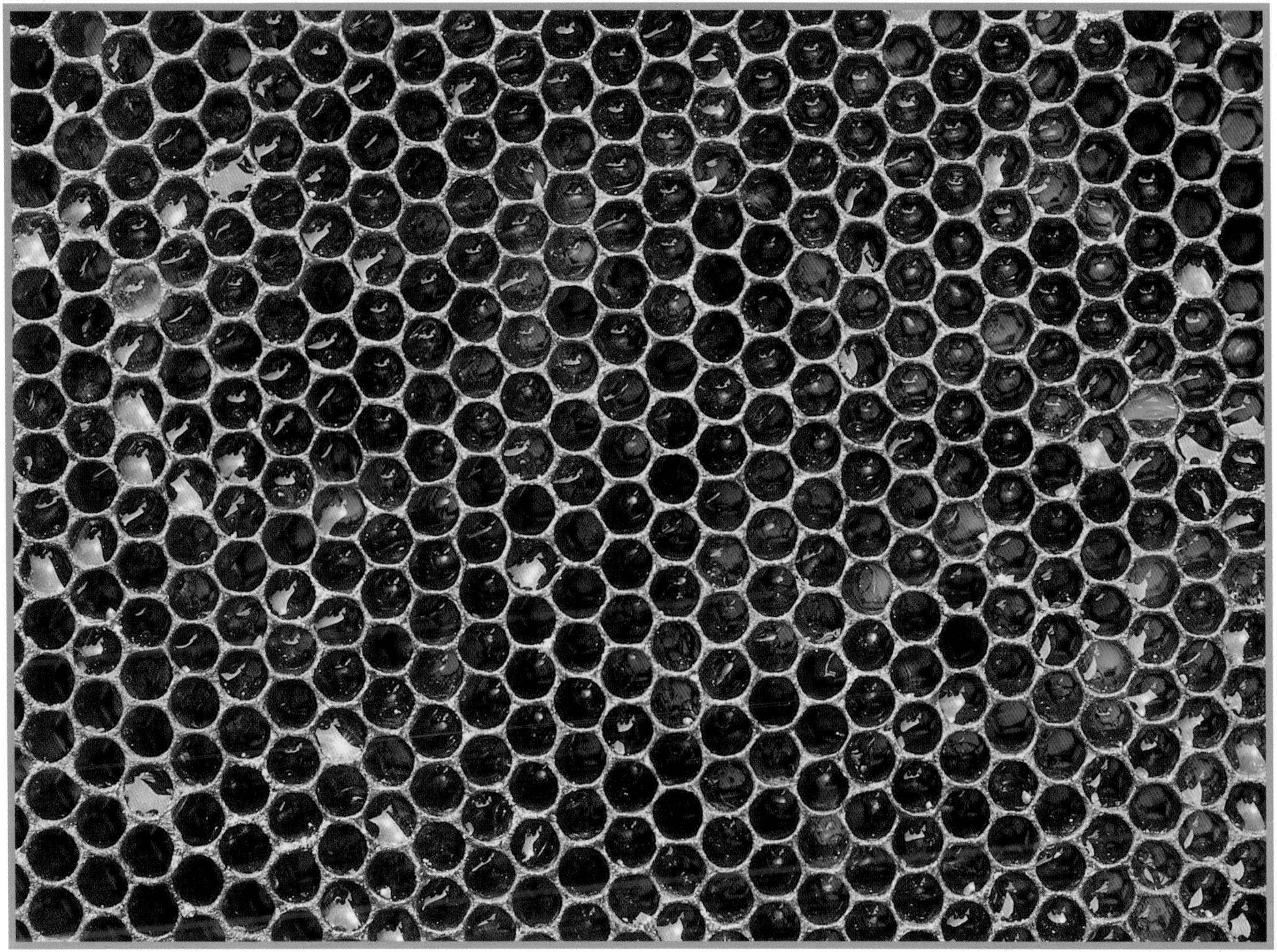

Elles déposent le pollen
et le nectar à l'intérieur.

Les abeilles font du miel
avec le nectar.

Info-abeilles
Les abeilles de la ruche se partagent la nourriture.

Elles se nourrissent de miel et aussi de pollen.

Des gens récoltent le miel.

On les appelle « des apiculteurs ».

Le miel est délicieux!